AF402409

DE LA RÉVISION

DU PROCÈS

DU

MARÉCHAL NEY.

DE LA RÉVISION

DU PROCÈS

MARÉCHAL NEY.

———◦◦◦———

CHAMBRE DES DÉPUTÉS,

Séance du samedi 12 novembre 1831.

L'ordre du jour est le rapport de la Commission des péti-
tions.

M. Charpentier, rapporteur a la parole.

« Les habitans du département de la Moselle demandent
que les cendres du maréchal Ney soient transférées au
Panthéon, et qu'il lui soit élevé un monument aux frais de
l'état. » (Mouvement d'attention dans l'assemblée.)

Voici le texte de cette pétition :

« Un des plus grands capitaines d'un siècle si fertile en hé
ros a été immolé, au mépris de la capitulation de Paris, et la
France ignore encore où reposent les cendres de cette illustre
victime du parti anti-national. Le pouvoir, en appelant à
la pairie le fils aîné du maréchal Ney, fera sans doute ce qui
dépend de lui pour réparer cette grande injustice ; mais la

nation entière voudra concourir à cette réparation; et il appartient au département qui s'honore de l'avoir vu naître d'en prendre l'initiative,

» Nous demandons qu'il soit ordonné par une loi ,

» 1° Que les cendres du maréchal Ney seront transférées » au Panthéon ;

» 2° Qu'il lui sera élevé un monument aux frais du trésor » public.

» Metz , le 20 août 1830. »

Suivent plusieurs centaines de signatures , au nombre desquelles figurent celles de MM. Bouchotte , maire de Metz; Bouvier-Dumolart , préfet; eomte Barrois, lieutenant - général ; Charpentier , procureur - général ; général Sémélé ; Parant , avocat : maréchal-de-camp Soye ; baron Marchant , conseiller de préfecture ; Bergery , professeur , etc. , etc.

M, Charpentier rapporteur.—Messieurs, cette pétition , qui aurait dû être rapportée à la dernière session, est d'une date déjà ancienne; c'est le 20 août 1830, c'est le lendemain de notre glorieuse révolution de juillet, au milieu des joies du triomphe et des illusions qu'il fit naître, que les pétitionnaires reportèrent leurs souvenirs vers une époque de douloureuse mémoire, où la France, courbée sous le joug humiliant de l'étranger et du parti anti-national, ne put que faire entendre des plaintes stériles et impuissantes, pour sauver de la colère de ses ennemis un des plus grands capitaines du siècle. Se rappelant sa condamnation et sa mort, ils crurent que la France ne pouvait différer plus longtems la réparation due aux mânes de cette illustre victime, et ils pensèrent qu'au département qui s'honore d'avoir vu naître le maréchal Ney, il appartenait de manifester l'éclatante justice qui aujourd'hui doit lui être rendue.

Par cette observation, toutefois, nous n'entendons pas accuser d'indifférence ou d'oubli ce peuple héroïque de Paris, dont les efforts venaient de faire triompher la cause de la civilisation et de la liberté : lui, aussi, Messieurs il eut de la mémoire ; on n'a pas oublié , en effet, que ce fut à peu près vers la même époque que plusieurs milliers d'individus, réunis spontanément, portèrent au Panthéon le buste du malheureux maréchal.

Assez d'autres, hors de cette enceinte, rediront les hauts-faits militaires de ce grand capitaine et les services qu'il rendit à son pays; comme rapporteur de votre commission, je n'ai point à vous en entretenir; mais comment ne pas rappeler à cette tribune les dernières paroles qu'il fit entendre en présence de ses juges , alors que, dans l'excès de leur zèle, ses défenseurs essayaient un dernier moyen, résultant de ce que le maréchal avait perdu la qualité de Français, par l'effet du traité du 20 novembre 1815, et ne se trouvait plus justiciable de la cour des Pairs?

Avec quelle abnégation de la vie, avec quelle chaleur, ne repoussa-t-il pas ce moyen, en s'écriant : « *Je suis Français, et je mourrai Français!* Jusqu'ici ma défense a paru libre ; maintenant on l'entrave. Je remercie mes défenseurs du dévouement qu'ils m'ont témoigné et qu'ils me témoignent encore ; mais qu'ils cessent ma défense plutôt que de la présenter incomplète.... J'en appelle à l'Europe et à la postérité ! »

Messieurs, la postérité a prononcé: elle a placé le maréchal Ney à la tête des plus grands guerriers de l'époque, au nombre des hommes qui ont bien mérité de leur pays. La place où doivent reposer ses cendres est marquée dans ce monument destiné à consacrer la reconnaissance de la France, pour la mémoire des hommes qui l'ont illustrée !

Et la France ferait-elle donc moins pour ce héros que n'a fait l'administration ombrageuse d'un goúvernement voisin, qui ne s'est point opposée à ce que l'autorité municipale de Sarrelouis décorât d'un marbre et d'une inscription la façade de la maison où naquit le maréchal?

Mais la juste attente de la France reconnaissante sera-t-elle satisfaite par l'adoption de cette première mesure? La justice n'exige-t-elle pas quelque chose de plus, et ne convient-il pas qu'un monument particulier, élevé aux frais de l'État, réhabilite la mémoire de cette victime de nos désastres? C'est aussi ce que demandent les pétitionnaires, et ce vœu, votre commission l'a encore partagé. Que le Gouvernement ne craigne donc pas d'être juste; qu'il s'empresse d'acquitter la dette de la patrie, et qu'il soit bien convaincu que des actes de justice comme ceux que nous sollicitons ne feront qu'ajouter à sa force et consolider le pouvoir.

Déterminée par ces considérations, votre commission m'a chargé de vous proposer le renvoi de la pétition à M. le Président du Conseil des Ministres.

M. DE CORCELLE. —La pétition des habitans de la Moselle nous rappelle de bien douloureux souvenirs.

C'est le deuil dans l'âme qu'ils s'adressent à nous. C'est la mort elle-même qui implore une tardive justice.

On dirait une voix plaintive interrogeant du fond de la tombe un proscripteur!... A quoi t'a servi mon sang? lui crie-t-elle à travers l'abîme. Et que m'importent tes remords, puisque 1815 pèse encore sur mes ossemens desséchés?

Cette pétition, je le sens, ne saurait avoir accès auprès des âmes vulgaires. Elle glissera sur le cœur monnayé d'un aride spéculateur; mais c'est à vous qu'elle s'adresse, à vous, Messieurs, dont le cœur tout Français a horreur du sang, et soif de la justice.

Messieurs, vous consolerez l'ombre du maréchal Ney! Je vois sur ces bancs plusieurs de ses compagnons de gloire. Ils ne refuseront pas quelques fleurs à sa cendre trop longtemps délaissée. Ils répareront avec vous un acte odieux, plus qu'odieux : un crime! (Très bien! très bien.)

La foi jurée, une inviolable capitulation couvrait de son égide le maréchal Ney, et cependant la vie lui fut indignement arrachée.

Ce fut les pieds dans le sang de cet intrépide guerrier qu'on préluda au mépris des sermens, à seize années d'assassinats politiques, aux atroces ordonnances, pour tout dire. (Nouvelle approbation.)

La justice du ciel a été lente; mais enfin la voici venue. C'est elle qui dans ses prévisions infinies voulut renouer la chaîne des temps par un rapprochement devant lequel l'Europe (je dis l'Europe des peuples) s'est déjà inclinée. Ce rapprochement, source de gloire pour la France et d'opprobre pour ses détracteurs, c'est la clémence du peuple en 1830, et la délirante fureur de ses oppresseurs en 1815.

Ce fut en effet au milieu des convulsions de la rage que les parjures hâtèrent les derniers instans du maréchal Ney; et vous, Messieurs, en reportant votre pensée sur ce mélancolique souvenir, vous sentirez l'obligation d'effacer, par un acte réparateur, la souillure qu'il a laissée sur le pays.

La trahison, vous ne l'oublierez jamais, la trahison portant la bannière du droit divin, venait d'ouvrir la frontière à l'étranger. De toutes parts, des cris de représailles et de vengeance poussés par les hordes du Nord, poussés à la lueur de nos villages incendiés, répandaient la consternation et l'effroi !

Paris, je le vois encore, Paris transformé en un camp étranger venait d'être livré à la merci de la ligue des rois;

et la piteuse restauration, furtivement introduite au Louvre, pêle-mêle avec leur livrée, arrivait à point pour leur servir de marche-pied !

Non loin de cette enceinte était assis le camp des Anglais; sous le péristyle même de ce palais, sur nos ponts, sur nos places publiques, le canon prussien était nuit et jour prêt à vomir la dévastation et la mort. Partout on voyait les bandes de la Sainte-Alliance encombrant nos rues, nos carrefours, chargées des dépouilles de nos musées et déshonorant nos monumens publics !

Ah ! qu'une restauration est pesante sur les destinées d'un peuple !

Malheur alors au cœur généreux qui laissait échapper un soupir ! malheur au citoyen qui eût osé proférer le nom de patrie ! Les délateurs, les cours prévôtales, les cachots, l'exil, étouffaient sa noble douleur.

Le dirai-je enfin ! des chants furieux, des danses impies chaque soir excitées par ceux qui n'avaient pas honte de s'asseoir sur un pavois encore ruisselant du sang de Waterloo, achevaient de répandre la stupeur au milieu d'une population consternée.

Toute nationalité, toute pudeur semblait éteinte. On saluait du nom d'allié l'homme du nord gorgé de butin et l'ironie sur les lèvres; tandis que le valeureux défenseur du pays, le soldat mutilé, errant, poursuivi à l'égal du vagabond, s'en allait répétant, d'une voix éteinte et dans l'amertume de son cœur, ces mots que sans doute l'histoire burinera en caractères ineffaçables : *Transfuge ! Waterloo ! trahison !*

Messieurs, je n'ai soulevé là qu'un coin du crêpe sanglant étendu dans ces temps d'épreuve sur notre malheureux pays; mais j'en ai dit assez pour vous convaincre que la

France attend de votre généreux patriotisme un grand acte de justice.

Le maréchal Ney, élevé dans les camps, accoutumé dès son jeune âge à combattre l'étranger, à le vaincre, n'ayant jamais écouté d'autre impulsion que celle d'un cœur dévoué sans réserve au pays, pouvait-il rester sourd à la voix de ses compagnons de gloire, lorsque déjà l'irrésistible entraînement d'une armée, abreuvée de dégoûts, avait excité au loin des cris de guerre?

D'ailleurs, ce cœur de héros était l'amant passionné de la gloire et de la patrie, et le vieux drapeau lui apparaissait aux cris de *Vive la France!* Aussi, voler à la frontière, vaincre ou mourir fut sa soudaine, son irrévocable résolution.

Cependant, écrasé par le nombre, par la trahison, il allait être mis au ban d'une aristocratie ivre de vengeance. Il lui fallait du sang : elle en demandait à grands cris; elle aurait payé sa tête; peut-être le prix en fut-il donné, et sa tête lui fut promise. (Très-bien.)

Peu soucieux des formes, pourvu que le coup ne se fît pas attendre, on transforma en commission une cour de justice. Soixante-neuf commissaires furent appelés; vingt-six juges furent exclus, trente-cinq ne purent voter.,. Un petit nombre opinait pour le recours en grâce. Soins superflus!... Un ministre du roi restauré, ministre des hautes-œuvres, et commissaire lui même, s'écria : « Qui donc ose ici montrer tant de pitié! » (Profonde sensation. Très-bien.)

On avait exigé la mort, la mort fut prononcée. Et celui qui était le modèle et l'ornement de l'armée, celui dont la vaillante épée avait, en mille combats, dispersé les bataillons ennemis, celui que la plus intrépide armée du monde avait surnommé *le brave des braves,* tomba, dans la force de l'âge, sous le plomb de la légitimité! (Très-bien! très-bien!)

Messieurs, que le Panthéon soit enfin ouvert au *Brave des braves*, que sa cendre repose en paix à côté de la cendre de ses frères en vaillance, en magnanimité!

Le Conseil des ministres s'unira sans doute au vœu du pays. Je demande que cette pétition lui soit renvoyée. (Nombreuses marques d'approbation.)

M. le gén. LAMARQUE (mouv. d'attention)—Messieurs, vous avez tous parcouru le cimetière du père Lachaise, ce champ de repos qui domine Paris, et à côté des monumens qui rappellent les vertus et les exploits des grands citoyens que pleure la patrie, vous avez sans doute remarqué un carré de gazon qu'enferme une barrière de fer brut. Point de statue, point de marbre, point d'inscription ! C'est une tombe silencieuse, qui naguère n'osait dire un nom que toutes les bouches répètent, et que l'âge présent léguera avec orgueil à la postérité ! Là reposent les restes de Ney, maréchal de France, duc d'Elchingen, prince de la Moskowa ! Nul ne mérita plus que lui un trépas glorieux sur le champ de bataille; et, dans nos jours de malheur et de honte, il tombe frappé par des balles françaises, et condamné par un tribunal à qui l'étranger dictait ses arrêts. (Sensation profonde. Bravos prolongés à droite et à gauche.)

En vain, cédant aux prières d'une épouse éplorée, le maréchal consentit à invoquer l'art. 12 du traité de la capitulation de Paris, qui garantissait les personnes et les propriétés. Organe de son gouvernement, l'Anglais lui répondit que *les capitulations faites par des militaires ne pouvaient avoir aucun effet politique, ni lier le pouvoir civil.* C'est la réponse qu'avait faite, en 1648, un tribunal choisi par Cromwell pour juger Jacques, duc d'Hamilton, comte de Cambridge, qui s'était rendu après la journée de Prestow. Félicitons l'humanité de ce que, dans un aussi long intervalle, la mauvaise foi n'a pu trouver de nouvelles formules. (Sensation. Très bien, très bien.)

Tous les rois de l'Europe s'étaient coalisés contre Napoléon encore assis sur le premier trône du monde; et tous ces rois, oui tous, environnés d'innombrables légions, conjurèrent la mort d'un homme emprisonné : mais cet homme s'était illustré sur cent champs de bataille; son nom suffisait pour porter la terreur dans leurs armées; c'était l'Ajax français, le bras le plus redoutable qu'eût jamais employé le génie le plus puissant ! Rien ne manque donc à sa gloire; car il obtint la haine des ennemis de son pays, la confiance de l'armée, l'amour et les regrets de la France entière. (Bravo ! bravo!)

Lorsqu'infidèles au plus saint des devoirs, ses juges imposèrent silence à ses défenseurs, dont le plus éloquent brille dans cette enceinte, le maréchal s'écria , de cette voix qui entraînait les bataillons au milieu de la mitraille : J'EN APPELLE A LA POSTÉRITÉ ! La postérité, comme vient de vous le dire M. le rapporteur, est arrivée pour lui, et je pourrais invoquer en son nom la reconnaissance nationale pour celui qui, parmi tant de braves, fut proclamé le plus brave; mais c'est au nom de la justice que je demande une expiation. Qu'un décret solennel lui ouvre les portes du Panthéon, et absolve la France d'un jugement inique ! Qu'il y repose au milieu des amis de la liberté, à côté des martyrs qui la cimentèrent de leur sang, et près des orateurs qui, à cette tribune, la défendirent avec tant d'éclat et de courage! (Très bien! très-bien! Ce ne serait que justice.)

Messieurs, à Naples, dans une église de la place Médina est un tombeau où sont gravés ces mots : *A Lautrec, par Gonzalve son ennemi!* Nous inscrirons, nous, sur le tombeau de l'infortuné maréchal Ney : *A Ney, assassiné juri-*

diquement, lorsque ses ennemis commandaient dans Paris!
Et ce tombeau sera à la fois une leçon et un éternel châtiment.

Je vote pour le renvoi au conseil des ministres, qui n'oublieront pas sans doute que les noms de Labédoyère, de Chartran, de Mouton-Duvernet, doivent être associés à celui du maréchal Ney. (Très bien. Appuyé, appuyé. Applaudissemens à gauche et à droite.)

M. le maréchal Clausel.—Messieurs, en montant à cette tribune pour appuyer la pétition de plusieurs habitans du département de la Moselle, je ne viens point réveiller parmi vous les passions en retraçant à vos yeux les horreurs commises à une époque si désastreuse.

Tout le monde sait que M. le maréchal Ney, duc d'Elchingen, prince de la Moskowa, ne fut point légalement jugé, mais qu'il fut immolé aux exigences d'un parti qui a fait tant de mal à la France. Les ennemis qui ramenaient à leur suite la restauration, demandèrent une si belle vie, comme récompense des services qu'ils avaient rendus à la dynastie qu'ils venaient d'imposer à la France pour la seconde fois.

Ainsi, la vengeance des étrangers, envieux de tant de gloire, ne put être assouvie que par la condamnation inique de cet illustre guerrier!

Ce que je demande, Messieurs, c'est qu'un acte éclatant de réparation prouve que la France de 1830 répudie un jugement si odieux, et rende hommage à la mémoire d'un Maréchal qui eût pu échapper à ses meurtriers, s'il eût voulu décliner sa qualité de Français. Vous n'avez pas sans doute oublié, Messieurs, qu'au moment où son défenseur, qui siège aujourd'hui dans cette chambre, voulut, pour le sauver, invoquer le traité de 1814, qui enlevait Sarrelouis à la France, et prouver que le maréchal ayant cessé d'être

Français ne pouvait être jugé par un tribunal français, le maréchal l'interrompit vivement et s'écria : « *Je suis Français et veux mourir Français!....* » Associons, Messieurs, la France entière au vœu des habitans du département de la Moselle, et qu'un suffrage unanime renvoie leur pétition à MM. les ministres. (Très bien, très bien.)

M. Dupin aîné monte à la tribune; un profond silence s'établit.

Messieurs, dit l'orateur, j'adhère avec empressement à toute réparation qui serait accordée aux mânes illustres du maréchal Ney; mais la meilleure réparation, c'est la révision, c'est la cassation de l'arrêt qui l'a condamné. (Acclamation soudaine d'approbation. Une foule de voix : écoutez! écoutez !) Les moyens ne manqueront pas. (Non! non !)

Et d'abord je me rappelle encore ces terribles paroles qui furent prononcées par le premier ministre d'alors, en se présentant à la Chambre des pairs constituée en cour de justice :

« C'est au nom de *l'Europe* que je viens vous *conjurer* et vous *requérir* à la fois de juger le maréchal Ney.» (Mouvement général d'indignation.)

Ainsi, continue M. Dupin, l'acte d'accusation était porté au nom de l'étranger, de l'étranger en armes, occupant Paris à la suite, non d'une conquête, mais d'une convention militaire.

Il est un second point qui de tout temps a entaché et vicié les jugemens. La défense n'a pas été libre. Ce n'est pas là une de ces interruptions qui empêchent seulement de poursuivre une phrase qui sonne mal à l'oreille du juge; c'est l'interdiction formelle de plaider un moyen que les défenseurs regardaient comme légitime et comme décisif.

Cette interdiction fut faite par un arrêt, si l'on peut appeler ainsi une résolution prise au moment du repos de

l'audience, en la chambre du conseil, sans entendre les défenseurs sur l'incident : arrêt lors duquel (je le tiens d'un
des juges qui y fit attention, parce qu'il avait été ancien ma-
rat) les voix furent prises, mais ne furent pas comptées,
bien que cela fût de rigueur en matière criminelle. (Vive
sensation.)

La Cour reprit séance, et défendit aux avocats de plaider
le moyen résultant de la convention militaire de Paris, et
pourtant ce moyen était décisif; car la convention portait
interdiction de rechercher qui que ce soit pour ses opinions,
ses actes et ses fonctions.

Qu'on vînt dire que la convention ayant été passée entre
militaires, cela ne suffisait pas pour lier le gouvernement;
il fallait laisser plaider le moyen pour le pouvoir ensuite apprécier.

Mais ce subterfuge même était inutile. La convention
avait été faite au nom de l'alliance, qui avait pouvoir de la
dynastie légitime pour attaquer Paris.

La convention avait d'ailleurs été ratifiée par ceux qui
avaient profité de ses effets; puisque c'était elle qui avait
procuré aux Bourbons leur retour en France, où ils ne
restèrent que parce que l'étranger y était logé. La convention protégeait à la fois les personnes, les propriétés et les
monumens. En effet, par qui avait-elle été conclue ? par
une commission militaire et par M. le préfet de la Seine au
nom des habitans de Paris et de la sûreté des monumens de
la capitale.

On traitait non-seulement dans l'intérêt de la ville de
Paris, mais, comme je l'ai dit, au nom de cette brave
armée qui s'était ralliée sous les murs de Paris. Je me rappelle encore que, lorsque les commissaires furent interro-
gés devant la Chambre des Pairs, M. le comte de Bondy

déclara qu'il avait été adjoint aux commissaires pour stipuler pour les intérêts civils, pour les personnes et pour les propriétés.

M. le maréchal Davoust vint ensuite avec la noble simplicité qui convenait à son courage, déclarer qu'il avait soixante mille hommes d'infanterie, 25 mille hommes de superbe cavalerie, cinq cents pièces de canon attelées, et toutes les espérances d'un général français qui se bat sous les murs de la capitale pour le salut de la patrie. (Profonde sensation.)

C'est en présence de ces formidables moyens de défense (je devrais dire de victoire, car tous les généraux furent d'avis que la première victoire était infaillible pour l'armée française), que l'on traita, et dans ce traité furent mis à couvert les intérêts militaires. Lorsqu'ensuite on est revenu prendre en détail les chefs qui avaient traité à la tête de cent mille hommes, chacun d'eux a donc pu dire, comme l'amiral de Coligny :

Je n'ai pas entendu céder, par un traité,
Le droit de m'égorger avec impunité.

(Très bien, très bien.)

Voilà le moyen que nous voulions faire valoir devant la Chambre des Pairs; je crois qu'il aurait été victorieux, mais nous ne fûmes pas entendus : il y a eu violation du droit sacré de la défense : la condamnation est illégale et nulle. Il n'y a pas eu seulement mal jugé, on peut dire en réalité qu'il n'y a pas eu arrêt. (Nouvelles marques d'une éclatante approbation.)

Si on nous avait entendus, et qu'on eût condamné, il aurait pu y avoir mal jugé; mais je le répète, les droits de la défense furent violés, il n'y a pas eu arrêt.

2

Quant au moyen tiré du traité du mois de novembre, qu'on ne s'y méprenne pas, c'est précisément pour constater jusqu'au bout le vice d'un arrêt qu'il n'était pas en notre pouvoir d'empêcher de rendre, que nous avons constaté jusqu'au dernier moment l'impossibilité dans laquelle les défenseurs du maréchal avaient été de le défendre contre une accusation portée au nom de l'étranger.

C'est de concert avec le maréchal, que j'ai rédigé moi-même cette protestation, qui fut écrite de ma main et copiée par le maréchal Ney. Je l'ai conservée, il appartient à ses fils de la relever, comme ils m'en ont exprimé le désir. (Mouvement. Bien! Très bien! Bravos unanimes.)

J'aurai l'honneur, puisque c'est leur dessein, de m'en constituer encore le défenseur. (Marque d'approbation sur plusieurs bancs). J'appuie le renvoi.

M. LE PRÉSIDENT. — La commission a proposé le renvoi au président du conseil; il n'y a pas d'opposition? (Non! Non!)

Les propositions de la commission sont adoptées à l'unanimité.

Requête au Roi,

EN SON CONSEIL DES MINISTRES,

PAR LA VEUVE ET LES ENFANS DU MARÉCHAL NEY.

SIRE,

Puisque *toute justice émane du Roi*, c'est au Roi que nous demandons justice.

Michel Ney, duc d'Elchingen, prince de la Moskowa, maréchal et pair de France, a été condamné à mort, par arrêt de la Cour des Pairs, du 6 décembre 1815, et cet arrêt a été exécuté le lendemain.

Son accusation a été portée au nom et sous l'influence des étrangers qui occupaient militairement la ville de Paris.

Elle l'a été au mépris et en violation flagrante de la convention militaire du 3 juillet 1815, dont l'article 12 était ainsi conçu : « Seront pareillement respectées les personnes et les » propriétés particulières. Les habitans, et en GÉNÉRAL TOUS » LES INDIVIDUS qui se trouvent dans la Capitale, conti-» nueront à jouir de leurs droits et libertés *sans pouvoir être* » *inquiétés ni recherchés en* RIEN, relativement aux *fonctions* » qu'ils occupent ou *auraient occupées*, à leur conduite et à » leurs opinions politiques. »

Pour plus de sûreté on ajouta l'article 15, portant ce qui suit : « S'il survient des difficultés sur l'exécution de quel-» qu'un des articles de la présente convention, l'interprétation

» en sera faite *en faveur de l'armée française et de la ville de*
» *Paris.* »

Le général en chef de l'armée française, maréchal Davoust, prince d'Ekmulh, les plénipotentiaires chargés de la négociation, le général comte Guilleminot, le comte de Bondy, préfet de la Seine, M. Bignon, cités comme témoins au procès, ont déclaré que cet article est celui sur lequel il fut recommandé d'insister le plus fortement, et qu'il y avait ordre *de rompre la conférence, si ce point n'était pas accordé sans restriction.* Il le fut. C'est cet article, a dit devant la Chambre des Pairs, le comte Guilleminot, qui nous a fait tomber les armes des mains.

Cet article élevait donc une *fin de non recevoir* insurmontable contre toute réaction, toute accusation politique. Il devenait ainsi un moyen préjudiciel, décisif et péremptoire, de la défense du maréchal, contre l'accusation capitale, dirigée contre lui, devant la Cour des Pairs.

Mais par un premier arrêt interlocutoire, rendu hors la présence des avocats de l'accusé, sans les avoir entendus sur l'incident *et lors duquel les voix furent prises, mais ne furent pas comptées,* la Cour des Pairs décida qu'ils ne seraient pas reçus à présenter ce moyen de défense.

Malgré l'arrêt, les défenseurs de l'accusé ont essayé d'élever la voix : mais ils ont été interrompus par le président de la Cour et par l'accusateur !.... C'est alors que M. le maréchal Ney, se levant, mit lui-même un terme à cette lutte, en disant : « Jusqu'ici, ma défense a paru libre ; je m'aperçois
« qu'on l'entrave à l'instant. Je remercie mes généreux défen-
« seurs de ce qu'ils ont fait, et de ce qu'ils sont prêts à faire
« encore ; mais je les prie de cesser plutôt de me défendre
« tout-à-fait que de me défendre imparfaitement ; j'aime
« mieux n'être pas défendu du tout que de n'avoir qu'un
« simulacre de défense. »

« Je suis accusé contre la foi des traités, et on ne veut pas
« que je les invoque !.... »

« ... J'en appelle à l'Europe, à la postérité ! »

Cette protestation, cet appel, ce cri testamentaire du maréchal, il est du devoir de sa famille, de la piété de sa veuve et de ses fils, de les relever, à une époque où l'heure de la justice semble enfin être arrivée !

Ils supplient donc Votre Majesté, dont l'intérêt s'est manifesté pour Eux, dans ces jours de deuil, d'ordonner, à présent qu'elle est placée sur le trône des Français, *la solennelle révision d'un arrêt ainsi rendu contre la foi des traités, et sans que la défense fût libre.*

Le principal moyen de révision est fondé sur ce que la Cour des Pairs a empêché de proposer la fin de non recevoir, résultant de la convention du 3 juillet. Elle l'a jugé ainsi sous le prétexte que cette convention était étrangère à Louis XVIII et que son gouvernement n'était pas tenu de la reconnaître et de l'exécuter. La Cour a été induite en erreur, à cet égard, par une note diplomatique fournie par l'étranger, et par les assertions du ministère d'alors et de l'accusation. Mais la *fausseté* de cette allégation est aujourd'hui démontrée.

Or, la révision est autorisée précisément pour le cas de *faux témoignage*, par l'art. 445 du Code d'instruction criminelle.

Mais, indépendamment de cette ouverture légale de révision, qui offre à la famille un droit rigoureux et absolu de la requérir, il est un autre moyen qui, dans tous les cas, ne peut manquer aux exposans.

Tous les précédens, nés de l'application du Code d'instruction criminelle qui nous régit actuellement, pratiqués par le gouvernement même qui a fait rédiger et promulguer ce Code, et appliqués par des magistrats dont plusieurs avaient concouru à sa confection, tous ces précédens attestent qu'à côté du droit absolu de demander la révision, dans les cas littéralement prévus par le Code, le chef de l'État, comme régulateur des juridictions, et par une utile modification de son droit absolu de remettre les condamnations, a aussi le droit d'ordonner la *révision gracieuse* des procès criminels, dans certaines circonstances particulières. Cette doctrine, professée par les criminalistes, notamment par M. Carnot, a été mise en pratique par lettres patentes de Napoléon, en date du 20 décembre 1813, enregistrées avec solennité par arrêt de la Cour de cassation, du 8 janvier 1814, dans une affaire fort ordinaire, et bien moins favorable que celle du maréchal Ney !...

Ainsi, ce second moyen vient à l'appui du premier, pour assurer le succès de la demande des exposans.

A ces causes, et par ces considérations, les exposans concluent à ce qu'il plaise à *Votre Majeste*, dire et ordonner que l'arrêt rendu par la Cour des Pairs, contre le maréchal Ney, le 6 décembre 1815, sera, ainsi que l'arrêt préparatoire qui a précédé, et la procédure qui y a donné lieu, soumis à la révision de la Cour des Pairs, pour être statué par elle ainsi qu'il appartiendra ; à cette fin, ordonner que la Chambre des Pairs se constituera en Cour de Justice, et commettre procureur général, pour répondre aux conclusions qui seront prises par les exposans, lesquels se réservent de faire, dire et requérir devant ladite Cour, régulièrement constituée, tout ce qui sera de leur droit et de leur devoir.

Et ainsi faisant, Sire, vous ferez justice.

Paris, ce 23 novembre 1831.

La maréchale NEY, princesse de la MOSKOWA,
Le prince de la MOSKOWA,
Le duc D'ELCHINGEN,
Eugène NEY,
Edgar NEY.

Extrait de la Gazette des Tribunaux du 22 nov. 1831.

> « Je suis accusé contre la foi des traités, et on ne veut pas que je les invoque!... J'en appelle à l'Europe et à la postérité! »
>
> (Protestation du maréchal Ney, à l'audience du 6 déc. 1815.)

> « Accusateur, vous voulez placer sa tête sous la foudre ! et nous, nous voulons montrer comment l'orage s'est formé ! »
>
> (Dupin, à l'audience du 23 novembre 1815.)

Il faudrait que l'humanité cessât d'être sujette à l'erreur, pour que la voie de révision cessât d'être ouverte en matière criminelle, surtout dans les accusations politiques, où les juges ne sont pas seulement exposés aux mécomptes ordinaires de l'intelligence humaine, mais où ils sont encore assiégés par les passions ambitieuses qui, dans les affaires ordinaires, ne viennent point agiter les esprits et troubler les consciences !

Que le tribunal soit plus ou moins élevé dans la hiérarchie des pouvoirs, que le nombre des hommes qui ont pris part à ce jugement soit plus ou moins grand, peu importe ! l'erreur, quand elle doit être commise, s'empare des compagnies comme des individus; plus rapidement peut-être, parce qu'il y a plus de fermentation dans une réunion nombreuse que dans une seule tête, et moins d'inquiétude sur la responsabilité d'un fait, quand cette responsabilité est très divisée, que lorsqu'elle se concentre sur un petit nombre d'individus.

La révision était admise par notre ancien droit français; elle l'était spécialement par l'ordonnance de 1670, contre les arrêts des parlemens (et du Parlement de Paris, Cour

des Pairs), aussi bien que pour les sentences des autres juridictions.

Pour les temps anciens, il suffirait de citer pour exemple
l'arrêt du connétable de Bourbon, annulé après sa mort,
le 27 mai 1530, et l'acte d'annullation publié et enregistré
par le même parlement de Paris, qui l'avait condamné à
mort et avait confisqué tous ses biens !

L'amiral Chabot, condamné le 8 février 1540, par un
amalgame de commissaires extraordinaires et de neuf conseillers du Parlement de Paris, fut réhabilité au mois de
mars 1541, et la réhabilitation enregistrée le 5 avril suivant, au même Parlement de Paris, qui avait fourni le
détachement de conseillers employés à la condamnation ! Et
cette condamnation elle-même devint un des chefs d'accusation contre le chancelier Poyet qui en avait été le promo-
teur.

Enfin, dans des temps plus modernes, l'arrêt de Lally-
Tollendal, condamné à mort, et conduit au supplice, ayant
à la bouche un baillon (que d'autres juges n'ont mis qu'à
celle des défenseurs de l'accusé !) cet arrêt, cassé le 25 mai
1778, renvoyé au Parlement de Rouen, purgé de la ridi-
cule intervention d'un des juges qui avait demandé la parole
pour un fait personnel, fut finalement révisé par les parlemens de Dijon et de Bordeaux, sur les poursuites infatiga-
bles d'un fils nommé curateur à la mémoire de son père, et
dont la piété refusa d'accepter aucune faveur de la cour,
jusqu'à ce que satisfaction eût été donnée à la mémoire
qu'il avait entrepris de venger.

Dans le système de l'ordonnance de 1670, on renvoyait
le procès tantôt au même tribunal, tantôt à un autre, s'il
existait contre le premier une cause de suspicion légitime.

L'assemblée constituante ne crut pas la révision compatible avec l'institution du jury, et elle admit seulement la réhabilitation. Pour les demandes en révision non encore jugées, une loi de 1792 chargea la Cour de cassation de les vider.

Mais dès l'année suivante, on reconnut que la réhabilitation ne suffisait pas aux besoins de la justice; et que, par exemple, dans le cas de deux condamnations contradictoires et inconciliables, qui, dans leur conflit, rendaient certaine l'innocence d'un des deux condamnés pour le même fait, il fallait absolument admettre la révision. Elle fut en effet admise, pour ce cas, par une loi du 13 mai 1793.

Sous le code de brumaire an IV, on douta si son article 594 n'avait pas, dans son abrogation générale des lois antérieures, compris celle du 13 mai sur la révision; mais la Cour de cassation jugea que non, par arrêt du 9 vendémiaire an IX.

Sous l'empire, le sénatus-consulte du 14 thermidor an X, accorda, par son article 86, le droit de grâce au chef du gouvernement; mais on fait grâce aux coupables et la révision doit-elle donc être interdite aux innocens? Cette différence est bien marquée par la réponse de la veuve de Barnevelt. Ses fils ayant tramé une conspiration contre le prince d'Orange qui avait fait condamner et exécuter leur père, elle sollicita leur grâce. Le prince lui objecta qu'il était étonné que ne l'ayant pas demandée pour son mari, elle vînt la solliciter pour ses fils! Elle répondit que si elle n'avait pas sollicité la grâce de son mari, c'est qu'il était INNOCENT, mais que ses fils étaient COUPABLES.

Aussi, sous le sénatus-consulte de l'an X, comme auparavant, la Cour de cassation a toujours jugé que le droit de grâce ne faisait point obstacle au droit de révision. (Voyez l'arrêt du 30 novembre 1810 , et celui du 27 juin 1811.)

Le Code d'instruction criminelle a défini plusieurs cas dans lesquels il fait de la révision un droit absolu ; ces cas sont au nombre de trois :

1° Lorsqu'un accusé a été condamné pour un crime , et qu'un autre accusé a aussi été condamné par un autre arrêt , comme auteur du même crime , si les deux arrêts ne peuvent pas se concilier et sont la preuve de l'innocence de l'un ou de l'autre des condamnés. (art. 443.)

2° Lorsqu'après une condamnation prononcée pour homicide , il y a preuve , ou seulement des indices suffisans que la personne prétendue homicidée existe encore. (art. 445.)

3° Lorsque la condamnation a eu lieu sur faux témoignage dûment constaté. (art. 446.)

Le Code prévoyant le cas où la personne condamnée a subi sa condamnation , dit qu'il sera créé un curateur à sa mémoire , avec lequel se fera l'instruction , et qui exercera tous les droits du condamné. (art. 447.)

L'infortuné Lally était dans ce cas, il en est de même de ce que le fils de Lally appelait la douloureuse condamnation du maréchal Ney (1).

L'effet de la révision au fond est que « si par le résultat de la nouvelle procédure , la première condamnation se trouve avoir été portée injustement, le nouvel arrêt déchargera la mémoire du condamné de l'accusation qui avait été portée contre lui. » (art. 447.)

Quant à la procédure, sous l'ancienne législation, la révision devait être autorisée par lettres patentes du Roi, ob-

---

(1) Cette expression se trouve dans un écrit de M. de Lally-Tollendal, intitulé : *Déclaration de plusieurs pairs*, et inséré au *Moniteur* du 27 novembre 1821.

tenues en grande chancellerie , et adressées à la juridiction qui devait en connaître. Sous le Code actuel , le ministre de la justice , soit d'office , soit sur la demande de la partie intéressée , charge le procureur général près la Cour de cassation de dénoncer les faits à cette Cour, qui statue et désigne la Cour ou le tribunal qui devra procéder à la révision.

Du reste, aucun délai fatal , aucune prescription n'est assignée pour borner la durée et les effets de la demande en révision.

Maintenant , et sur la question précise de savoir si l'arrêt du maréchal Ney est dans le cas d'être révisé , examinons quelles sont les objections que peuvent faire les partisans de l'immuabilité de cet arrêt.

La première est que la juridiction de la Cour des pairs est une juridiction exceptionnelle qui n'est pas soumise aux règles du droit commun.

Mais à cette objection on doit répondre comme l'a déjà fait M. Carnot dans son Code d'instruction criminelle.

« Ce n'est pas seulement des arrêts rendus par les Cours d'assises que le Code d'instruction criminelle autorise la révision , mais de tous les arrêts ou jugemens qui prononcent des peines afflictives ou infamantes , quel que soit la Cour ou le tribunal qui les ait rendus ; ainsi les jugemens émanés des tribunaux militaires , etc. , etc... Ce n'est pas limitativement , en effet, que le Code parle des arrêts et des Cours , puisqu'il porte que , dans les cas prévus, il y aura lieu à révision , et qu'il lo déclare ainsi d'une manière absolue , et sans y mettre aucune restriction. »

A quel titre , d'ailleurs , voudrait-on ici soustraire les arrêts de la Cour des Pairs à la révision autorisée par le droit commun? Cela serait tout au plus tolérable si la procédure de la Cour des pairs avait été réglée par une loi spéciale hors laquelle il serait défendu d'aller chercher un moyen de recours. Mais qu'on daigne s'en souvenir, la défense du maréchal Ney s'est vainement récriée contre l'absence d'une loi (1), contre l'arbitraire effrayant dont cette Cour allait s'environner, en traçant elle-même la marche qu'il lui conviendrait de suivre. Que répondit l'accusation ? Que l'on emprunterait au droit commun toutes les dispositions praticables devant la Cour des Pairs. Cette Cour en a usé de même lors de la conspiration dite du mois d'août, en 1820, quoiqu'à cette époque le Roi eût rendu une ordonnance pour tracer une procédure *spéciale* à la Cour des Pairs ; elle n'y eut égard, et la Cour voulut encore s'en tenir à la procédure tracée par le Code d'instruction criminelle. Or, si la Cour des Pairs a ainsi emprunté à ce Code toutes les formes à l'aide desquelles on a conduit l'accusation à son terme et prononcé la condamnation, le droit n'est-il pas resté à l'accusé lui-même, et après lui à sa famille, d'user en temps et lieu du remède extrême de la révision, que le droit commun autorise, et dont aucune loi particulière n'a excepté les arrêts de la pairie ?

Si nous regardons au fond des choses, sous quel prétexte honnête et raisonnable pourrait-on refuser la révision d'une condamnation prononcée même par la Cour des Pairs ?

1° Si cette condamnation se trouvait, par événement, en conflit avec une autre condamnation prononcée par une Cour ordinaire, contre un homme du droit commun, en raison du même fait pour lequel la Cour des Pasir aurait

______

(1) Parmi les quatre Mémoires que M. Dupin a rédigés pour la défense du maréchal Ney, et qui se trouvent dans l'ouvrage de M. Evariste Dumoulin, le plus exact et le plus indépendant des historiens de ce grand procès, voyez celui intitulé : *Questions préjudicielles.*

condamné son justiciable privilégié ! N'y aurait-il pas, dans l'intérêt, je ne dis pas de la loi, mais du sens commun et de l'équité naturelle, nécessité de procéder à une révision dont l'effet serait de lever ce que les deux arrêts offriraient de contradictoire et d'inconciliable, si la condamnation de l'un des deux accusés devenait évidemment la preuve de l'innocence de l'autre ? (Cas prévu par l'art 443.)

2° N'en faudrait-il pas dire autant, si la noble Cour avait condamné un accusé pour avoir tué dans une conspiration un homme dont l'existence serait ensuite prouvée ou suffisamment renseignée ? (Art. 444.)

3° Et si la noble Cour, sujette à être trompée, comme les tribunaux ordinaires, n'avait jugé que sur faux témoignages, faudrait-il maintenir l'arrêt, malgré la découverte ultérieure du faux ? Non, mille fois non. (Art. 445.)

Mais, dira-t-on pour seconde objection, si l'on ne peut nier que dans ces trois cas qui sont ceux prévus par le Code, il y aurait lieu à révision, on n'en pourrait rien conclure dans l'espèce proposée, parce que la condamnation du maréchal Ney n'a été rendue dans aucun de ces trois cas.

Si ; on en conclurait d'abord en principe que, dans ces trois cas, il y aurait lieu à révision, et que, par conséquent, les arrêts de la Cour des Pairs, quoique rendus par la plus élevée des juridictions du royaume, ne sont pas invulnérables ; car ici la souveraineté de la juridiction n'y fait rien, puisque la révision, par sa nature, n'a jamais lieu que contre des arrêts en dernier ressort, passés en force de chose jugée, et quelquefois même contre des arrêts qui malheureusement ont déjà reçu leur fatale exécution !

Ensuite, et en fait, on aurait à examiner s'il n'y a pas lieu, dans l'espèce, d'appliquer le troisième cas, celui de faux témoignage, quand on pense que le prétexte dont on

s'est servi pour écarter le moyen tiré de la convention de
Paris, a été que les Bourbons n'avaient pas approuvé et ra-
tifié cette convention. Eh bien ! ce prétexte était faux : car
ils l'avaient ratifiée. On l'a nié impudemment dans une
note écrite ; mais cette note est aussi un faux témoignage :
la preuve de l'adhésion avait été dissimulée tant qu'a duré
la restauration ; c'était le secret de M. Bignon ! Mais il sera le
premier à le révéler ; d'autres preuves existent , et le con-
traire de ce qui a été dit pour appuyer l'arrêt sera facilement
prouvé.

Vainement dira-t-on, en s'attachant toujours à la lettre de la loi, qu'il faudrait d'abord faire condamner les faux
témoins ? Je réponds que si le Code parle des faux témoins ,
il entend surtout parler du faux témoignage. Qu'importe ,
en effet , que ce soit par suite d'une déposition orale qu'un
accusé ait succombé , ou par suite d'une déclaration écrite ?
L'effet est le même si la déclaration est fausse et si les juges,
trompés par cette déclaration, ont injustement condamné
celui qu'ils auraient absous dans le cas où on ne leur aurait
pas caché la vérité. Comment surtout renvoyer à un procès
préalable contre la personne de ceux qui ont menti à justice , si l'un d'eux est un étranger qui n'était pas alors ,
pas plus qu'il n'est encore à présent, justiciable des tribunaux du pays ? Comment, si cette dissimulation du vrai ,
qui a induit le juge en erreur , a été commise par un gouvernement dont le chef est mort, et dont le ministère res-
ponsable n'existe plus depuis long-temps , et si d'ailleurs il
s'est écoulé comme dans l'espèce, un temps plus que suffi-
sant pour opérer la prescription contre les coupables ? A
l'impossible nul n'est tenu ; et c'est ici, ou jamais non , le
cas d'appliquer la maxime qui répute une condition accom-
plie, quand il ne dépend pas de celui à qui elle est imposée

qu'elle le soit , et quand l'obstacle , à son accomplissement , procède d'un fait qui lui est étranger.

Ajoutons d'ailleurs un dernier moyen , et celui-ci est décisif, c'est que les trois cas de révision énumérés par le Code, ne sont pas les seuls dans lesquels la révision puisse avoir lieu. Ce sont bien les seuls dans lesquels elle a lieu de plein droit, forcément, par la seule volonté du condamné ou de sa famille ; mais, dans la discussion au Conseil d'État, on n'a pas pu se dissimuler qu'à côté de ces trois cas prévus par la loi, il pourrait s'en trouver d'autres aussi favorables, et dans lesquels l'humanité, la raison, la justice réclameraient la révision d'une condamnation. Alors on a considéré que le droit de grâce , qui renferme le droit absolu et péremptoire d'anéantir les effets d'une condamnation portée même contre un homme évidemment coupable , comportait , à plus forte raison , le droit d'autoriser la révision d'un procès contre un homme présumé innocent ; car qui peut le plus peut le moins. Or , c'est précisément ce qui a eu lieu lors de la discussion du Code d'instruction criminelle ; et c'est ce qui fait dire à M. Carnot :

« Mais si Sa Majesté, usant de la souveraine puissance dont elle est revêtue, ordonnait la révision d'un procès hors des cas que le Code d'instruction criminelle détermine , les tribunaux devraient s'empresser de déférer à ses ordres , puisque, ayant le droit de faire grâce, elle a nécessairement celui d'ordonner la révision des procès que des circonstances particulières tirent de la règle commune. »

Et ce n'est pas une vaine théorie sur l'interprétation du Code d'instruction criminelle ! Cette interprétation était tellement dans son esprit, qu'elle a reçu son application dans une circonstance même qui n'avait rien de politique , rien qui réclamât autre chose que l'application des règles communes de l'équité et de la pitié pour un homme accusé de vol et qu'on supposait avoir été injustement condamné.

Voici la teneur des lettres-patentes qui furent expédiées le 20 décembre 1813 :

« Napoléon, par la grâce de Dieu et les constitutions de l'empire, empereur des Français, roi d'Italie, protecteur de la confédération du Rhin, médiateur de la confédération suisse, etc., etc.;

« Au premier président, aux présidens et conseillers de notre Cour de cassation, savoir faisons ce qui suit :

» Notre grand-juge ministre de la justice nous a exposé qu'un arrêt de la Cour de justice criminelle du département de la Dyle, en date du 18 juillet 1806, a condamné à seize années de fers Gérard Garçon pour crime de vol sur une grande route, et le nommé Sébastien Ellenbergh, pour complicité dans ledit crime;

» Gérard Garçon ayant ensuite été accusé du crime de garrotage dans le département des Deux-Nèthes, a été extrait du bagne et traduit devant la Cour d'assises, ainsi que Sébastien Ellenbergh, prévenu de complicité avec lui dans ce nouveau crime; il est résulté de la procédure faite contre ces deux individus, que, d'une part, Gérard Garçon a été condamné le 17 juillet 1808 à la peine de mort, et que de l'autre, non seulement Sébastien Ellenbergh a été reconnu étranger au crime de garrotage, mais que même on a acquis de fortes présomptions qu'il n'avait point eu part au crime de vol sur une grande route, pour lequel il avait été condamné; les lumières acquises à cet égard par les magistrats dans le cours de la procédure, ont été corroborées par la déclaration de Gérard Garçon, à l'exécution duquel il avait été sursis pour causes valables : Gérard Garçon ayant aussi indiqué un autre individu comme complice de son crime, cet individu a été amené devant la cour de

Bruxelles; mais malgré la conviction de sa culpabilité, acquise par les juges, au moyen de l'instruction, il a été impossible de le mettre en accusation, l'action publique étant prescrite, à raison du laps de temps écoulé aux termes de l'article 636 du Code d'instruction criminelle.

» D'après cet exposé, notre grand-juge a conclu dans notre conseil privé, tenu le 12 de ce mois, à ce qu'il nous plaise d'accorder des lettres de grâce à Sébastien Ellenbergh, sur lequel rapport, ayant entendu ceux qui composent ledit conseil, nous avons pensé que le moyen proposé ne satisfaisait pas entièrement, à l'égard dudit Ellenbergh, aux droits de la justice, attendu les fortes présomptions acquises sur son innocence; cependant l'individu reconnu coupable étant couvert par la prescription, il est impossible de prononcer contre lui un arrêt qui, se trouvant inconciliable avec celui d'Ellenberg, donnerait ouverture à vous faire dénoncer les deux jugemens par notre procureur-général, ainsi qu'il est prescrit par l'article 443 du Code d'instruction criminelle, à l'effet d'annuler l'un et l'autre, et de renvoyer les deux condamnés devant une autre Cour pour une nouvelle instruction.

« Les autres moyens indiqués par le Code étant évidemment inapplicables, et l'état actuel de la législation laissant sans recours l'innocent condamné dans le cas dont il s'agit, nous avons jugé nécessaire de suppléer à cette insuffisance de la loi, par une disposition rapprochée de ce qu'elle a déterminé pour des faits analogues.

« A ces causes, nous voulons et ordonnons que l'arrêt rendu le 18 juillet 1806, par la Cour de justice criminelle du département de la Dyle, contre Sébastien Ellenbergh, soit, ainsi que la procédure qui y a donné lieu, et celle qui a motivé l'arrêt porté par la Cour d'Anvers, le 7 juillet 1808,

soumis à votre examen, en sections réunies, sous la présidence de notre grand-juge ministre de la justice, afin qu'en -
trant dans l'examen des faits , indépendamment de la
régularité et des vices de forme, et sans avoir égard à l'arrêt
de confirmation, précédemment rendu par vous, ledit arrêt
de la Cour de la Dyle soit cassé et annulé, s'il y a lieu, dans
l'intérêt d'Ellenbergh, et que ledit individu soit absous et
mis en liberté ; comme aussi dans le cas où l'innocence dudit
Ellenbergh ne paraîtrait pas suffisamment résulter de la
procédure, nous vous autorisons à le renvoyer devant une
Cour d'assises, pour le faire juger de nouveau sur les faits
qui ont donné lieu à sa condamnation.

» Mandons et ordonnons que les présentes lettres de révision
gracieuse, scellées du sceau de l'empire, visées par notre
cousin le prince archichancelier, vous soient présentées par
notre procureur-général, en audience publique, et trans-
crites de suite sur vos registres, à sa réquisition.

« Donné à Paris, le 20 décembre 1815. »

Signé NAPOLÉON.

Ces lettres-patentes, contresignées par l'archi-chancelier
Cambacérès, ont été lues , publiées , enregistrées , pour être
exécutées selon leur forme et teneur, devant la Cour de
cassation , en audience solennelle , le 8 janvier 1814, sur
le réquisitoire de M. le procureur-général Merlin , sous la
présidence de M. le comte Molé, grand-juge, ministre de
la justice, toutes les sections réunies avec leurs présidens ,
et , parmi eux, M. Henrion de Pansey.

En exécution de ces mêmes lettres et de l'arrêt d'enre-
gistrement, on avait déjà commencé la révision ; un rapporteur avait été commis, et il achevait son travail, lorsque
sur ces entrefaites , le département de la Dyle , auquel l'accusé appartenait par sa naissance et son domicile , ayant été

envahi par les armées étrangères, et ensuite distrait du territoire français par un traité (celui du 3o avril 1814), les tribunaux français cessèrent d'avoir juridiction sur l'accusé, et il devint impossible de donner suite à l'affaire, et de statuer au fond sur l'effet des lettres de révision gracieuse dont il s'agit. Tels sont les termes employés dans l'arrêt du 7 juillet 1814.

Mais le principe n'en reste pas moins clairement posé : la grâce, la réhabilitation, des honneurs accordés ou promis aux héritiers, tout cela ne satisfait pas aux droits de la justice. Il n'y a qu'un moyen qui soit efficace, c'est d'anéantir et d'extirper, par la voie de la révision, une condamnation que des présomptions suffisantes portent à regarder comme injuste. Cette révision est *forcée* quand on est dans un des trois cas littéralement prévus par le Code; et nous avons prouvé (sans même épuiser la question), que l'arrêt du maréchal est dans l'un de ces cas. Mais ne fût-il pas exactement dans ces termes, il reste toujours, en droit, la possibilité « d'une *révision gracieuse* dans les procès que » des *circonstances particulières* tirent de la règle com» mune. »

Or, quelle affaire, quelle condamnation, quel arrêt ont jamais offert des circonstances plus particulières, plus extraordinaires que ceux du Maréchal Ney ? Comment le ministre de la justice de 1831, hésiterait-il à conseiller au Roi de rendre une ordonnance fondée sur le même principe que les lettres-patentes accordées par l'Empereur, le 20 décembre 1813, dans une espèce qui était loin d'offrir le même degré d'évidence, et surtout le même intérêt ? Cette ordonnance préalable est d'autant plus nécessaire ici, que, sans cela, la Chambre des Pairs ne peut pas se constituer en Cour de justice (1). Espérons donc que cette ordonnance ne tardera pas à être rendue sur la requête qui, nous n'en doutons pas, sera incessamment présentée au Roi par la veuve et les enfans du maréchal !

Que pourraient, en effet, alléguer les ministres pour s'y refuser ? — Le droit ? On vient de prouver qu'il existe. — Des considérations politiques ? La crainte de chagriner quelques pairs ? Mais il n'en reste plus que quarante sur cent soixante-un qui ont pris part à l'arrêt; et ces quarante même, dont plusieurs ont eu le bonheur et l'honneur de ne pas voter la mort (2), et dont on laissera d'ailleurs les intentions en paix pour ne combattre que leurs œuvres, ces quelques juges qui, dans tous les cas, voudront et devront s'abstenir de connaître de la révision, et qui, par conséquent, n'auront pas la douleur d'entendre en 1831 une défense qu'ils n'ont pas voulu écouter en 1815, ces juges peuvent-ils donc être mis en balance avec ce nombre immense de citoyens qui font cause commune avec la famille du maréchal Ney, et qui tous, d'une voix forte et unanime, font des vœux pour la cassation de son arrêt ?

Des considérations politiques ? Elles sont toutes pour la révision et l'anéantissement de la condamnation ! Anéantir

______

(1) Ceci explique comment le procureur-général près la Cour de cassation a pu promettre sa coopération à la famille du maréchal Ney. Si l'arrêt avait été rendu par une juridiction ordinaire, une Cour d'assises, il faudrait d'abord passer par la Cour de cassation, pour obtenir d'elle l'indication du Tribunal qui serait chargé de la révision. Mais la Cour des Pairs étant en dehors de la juridiction de la Cour de cassation, le ministère du procureur-général près cette Cour n'est point impliqué dans cette affaire. Il n'est, à cet égard, qu'un simple particulier, un conseil, un ami, dont le ministère devient libre et peut être invoqué.

(2) *Ne votez pas la mort* (dit le général Colaud à M. de Fontanes, en entrant dans la chambre du conseil), *vous en dormirez mieux. (La Renommée du 7 décembre 1819.)*

cette œuvre d'iniquité et de réaction, c'est faire *le procès à l'étranger?* Oui, à l'étranger ! Sa présence souillait notre territoire ! C'est *en son nom* que l'accusation a été portée et que l'on a REQUIS *condamnation* (1) ! c'est sous son influence que l'arrêt a été rendu. Il voulait une de nos gloires militaires en holocauste ! on lui a sacrifié Ney ! Et la victime était bien choisie, car il n'y a pas une des puissances comprises dans la sainte alliance qui n'eût à lui reprocher d'avoir défait ses troupes et battu ses généraux ! Wellington surtout, dont Ney avait contenu toute l'armée , avec quatre régimens dans sa retraite de Portugal ! Wellington , bien éloigné d'imiter la magnanimité de Gonzague envers Lautrec ! lui, Anglais , qui, même en France, eût pu faire excuser sa victoire , s'il eût été vainqueur équitable et généreux, et qui, au lieu d'attacher sa gloire à protéger un de ses rivaux d'armes, et à faire respecter une convention à laquelle il devait son entrée dans Paris !... a mieux aimé la laisser violer quant aux personnes, pour se réserver ensuite, le prétexte de la violer lui même quant aux monumens !

C'est sur ce point capital que doit porter *la révision* ! c'est en cela que la cause est *nationale*, qu'elle se distingue essentiellement de toutes les autres , et qu'il importe de ne la point déserter ! Il ne s'agit pas de controverser le fond, de se jeter dans un détail de faits et d'enquêtes, et de consulter encore le témoignage de M. de Bourmont..... Il suffit de se dire : « Une convention stipulée par cent mille Français, les armes à la main, et qui n'ont consenti à remettre

---

(1) On connaît ce *réquisitoire* de M. de Richelieu, et les termes par lui employés devant la Chambre des Pairs, en y apportant l'ordonnance du Roi, termes rappelés à la séance de la Chambre des députés du 12 novembre dernier, et qui, en 1815, firent dire à un homme d'État fécond en expressions piquantes : *Avez-vous lu l'*UKASE *de M. de Richelieu.*

l'épée dans le fourreau que sous la condition qu'il n'y aurait dans leur patrie ni réactions sanglantes contre les personnes, ni spoliations des propriétés publiques et privées, a été indignement violée ! Il a été défendu à un accusé de l'invoquer ! Le moyen était décisif ; mais *la défense n'a pas été libre !* et l'accusé a PROTESTÉ... Cet arrêt doit être mis au néant. »

Après cela, si vous voulez, nous monterons au Panthéon pour aller rendre grâce aux dieux !...   D****

Extrait du Courrier Français, du 16 décembre 1831.

Il existe un principe supérieur à toutes les considérations et à toutes les chicanes, c'est qu'*il faut que justice se fasse.*

Dès-lors, comme il est équitable qu'un jugement rendu contre l'innocence soit annulé, comme la Cour des Pairs d'ailleurs n'est pas infaillible, à moins de déclarer qu'un pair de France est hors du droit commun, il faut, lorsqu'il a été victime d'une sentence inique, lui accorder le bénéfice de la révision assuré par la loi à chaque citoyen.

La condition d'un pair serait déplorable, si, injustement condamné, il n'avait aucun recours à espérer contre l'arrêt qui le frappe. Mais, me répondra-t-on sans doute : « Il serait naturel qu'on pût casser un jugement injuste rendu par la Cour des Pairs ; observez cependant que la loi, sans refuser en principe à un pair de France le bénéfice de la révision, rend toutefois cette faculté illusoire en n'indiquant dans la pratique aucun moyen de l'exercer ; car le mode prescrit par le Code d'instruction criminelle est inapplicable lorsqu'il s'agit d'un arrêt rendu par la Chambre des Pairs ; et, en effet,

la loi exige, en matière de révision, l'intervention de la Cour
de cassation et d'une autre cour que celle qui a condamné :
deux conditions qui ne peuvent se prêter à la nature de la
Chambre des Pairs, tribunal suprême, unique dans la hiérarchie judiciaire, et qui ne dépend point de la Cour de cassation. »

Je répondrai à cette difficulté par un exemple :

La charte dit, art. 29 : « Aucun pair ne peut être jugé que
par la chambre en matière criminelle. » Or, supposons qu'un
pair, accusé d'homicide, soit condamné à mort et exécuté
par arrêt de la Cour des Pairs, que diriez-vous si l'on prou-
vait, quelque temps après, l'existence de la personne dont
la mort supposée aurait donné lieu à la condamnation ? Faudrait-il donc que la mémoire du condamné demeurât à tout
jamais sous le poids de cette affreuse sentence ! Ce serait, il
me semble, payer bien cher l'honneur d'avoir été jugé par
la chambre haute.

Et si la famille du pair, l'héritier de sa pairie, par exemple, adressait une requête au Roi dont toute justice émane,
pour demander une solennelle réparation, leur opposerait-on
l'impuissance de notre législation, la nécessité d'observer
avec scrupule la lettre de la loi ? Oserait-on motiver un refus
sur la qualité du condamné ? Et viendrait-on dire, en un
mot : il est malheureux que ce citoyen ait été Pair de France ;
car, sans cette circonstance qui lui ôte le moyen de faire
reconnaître son innocence, un jugement suprême l'eût pu-
bliquement et authentiquement proclamée, et la sentence
eût été annulée, cassée comme il convenait, pour réparer
solennellement l'attentat dont il a été victime.

Ce serait là une grande monstruosité que notre législation
aurait permise, et remarquons qu'il est beaucoup d'autres
exemples que celui cité plus haut ; qu'il peut exister même

telle circonstance qu'on ne saurait prévoir, où la révision d'un arrêt devient d'une nécessité absolue; or, si, le cas échéant, il se trouvait que nos lois la rendissent inexécutable en ce qui concerne les arrêts de la Cour des Pairs, une loi présentée sans plus tarder aux Chambres , pourrait seule prévenir ce danger et préserver l'innocence d'un déni de justice.

Mais il n'est pas nécessaire de pourvoir à une lacune qui n'existe pas dans nos institutions; bien heureusement leur impuissance n'est point attestée ici par les conséquences absurdes où nous ont conduits les difficultés qu'on nous oppose. C'est une fausse application du code qui cause l'erreur de nos adversaires, et c'est en la suivant dans ses conséquences que nous sommes arrivés à un résultat inadmissible.

On veut ranger la Cour des Pairs au nombre des tribunaux ordinaires , et l'on exige d'elle qu'elle soit régie par les dispositions légales particulières à ces tribunaux, et incompatibles à sa nature. C'est ici qu'il y a confusion.

La Chambre des Pairs, constituée en cour de justice, est un tribunal exceptionnel dont la Charte ne fait qu'indiquer les attributions sans les définir, et surtout sans en limiter l'usage. En l'investissant du droit de connaître du crime de haute trahison, des attentats à la sûreté de l'état, il n'a pu être entendu qu'elle fût assujéttie à ne faire usage que du code criminel pour juger ces attentats; car si on ne lui laissait pas une plus grande liberté, si elle ne pouvait pas remplir sa mission suivant des principes plus étendus, à quoi bon créer une justice particulière pour ces genres de crimes? Aussi notre code fondamental, par son silence facultatif, lui a permis de puiser dans nos lois actuelles , dans le droit commun, ou de tirer même de la jurisprudence ancienne des analogies ou précédens qui lui donnassent la faculté de juger avec une entière latitude.

C'est ainsi que les ordonnances royales qui convoquèrent la chambre haute en cour de justice, tracèrent simplement la forme qu'elle aurait à suivre dans la procédure, en lui laissant, d'ailleurs, la liberté de se conduire d'après les considérations qu'elle croirait convenables. Elle a fait usage de cette omnipotence de juridiction dans plusieurs causes qui lui ont été soumises. Dans le procès du maréchal Ney, entre autres, elle eut recours au droit commun, à défaut de dispositions légales parfaitement applicables à l'espèce.

Cette omnipotence de juridiction qu'elle a invoquée souvent et qui tient autant à son essence exceptionnelle qu'à son élévation dans l'ordre judiciaire, doit s'étendre jusque dans l'exercice d'un droit qui n'appartient qu'à elle, c'est celui de réviser ses arrêts et d'en ordonner, s'il y lieu, l'annulation. Comme tribunal *souverain*, elle seule peut prononcer sur les sentences qu'elle a rendues. C'est ainsi que procédaient les parlemens dont la juridiction était souveraine, le parlement anglais et celui de Paris.

Le droit de révision était en usage depuis long-temps dans la monarchie française (1). Il paraît même qu'on faisait abus de ce droit; car une grande quantité d'ordonnances, sous les anciens rois, réglaient la forme à suivre pour la présentation des *propositions d'erreurs*, et traitaient des cas où elles pourraient être admises, en s'efforçant, par des considérations tirées de l'autorité de la chose jugée, d'en limiter le nombre, et en essayant de prévenir, par des amendes infligées aux demandeurs, la multiplicité des appels et des recours en justice. Il est intéressant, d'ailleurs, d'observer

(1) Philippe VI, ord. 1340, 1344 ; Louis XI, ord. de 1479; Louis XII, 1499; François Ier, 1539; Henri II, 1539; Charles IX, 1566.

que, dès les temps les plus anciens, le droit de révision était fondé sur les mêmes principes qui les motivent aujourd'hui, tant les lois de la justice naturelle sont immuables ! Ce qui est plus curieux encore, c'est qu'on suivait du temps de Philippe-Auguste, en 1302, la même marche pour l'impétration des lettres d'erreurs, que celle tracée bien plus tard par l'ordonnance de Louis XIV, en 1670, et que suit aujourd'hui la famille du maréchal Ney pour évoquer la révision ; car c'est la seule qui puisse être adoptée pour venger la mémoire d'un innocent, condamné par un parlement, sous un roi constitutionnel,

Philippe VI, en 1344, ordonna que les propositions d'erreurs lui seraient adressées en son conseil (1), qui en délibérerait, et que, s'il y avait lieu, elles seraient portées devant le parlement (2).

On trouve dans les édits de Louis XI, Louis XII, François Ier, Henri II, Charles IX, et plus nouvellement dans les ordonnances de 1648, 1667 et 1670, des dispositions analogues. Dans l'art. 8 de l'ordonnance de 1670, il est dit: «Qu'on présentera requête au conseil, tendant à la révision » du procès ; si le conseil juge qu'il y a lieu d'approfondir la » révision, l'on rend arrêt sur requête portant renvoi à MM. » les maîtres des requêtes pour donner leur avis, qu'ensuite » il était donné et porté au conseil, et s'il se trouvait en fa-» veur du suppliant, il était ordonné qu'il serait procédé à la » révision du procès qui devait être renvoyé devant la com-» pagnie qui avait rendu l'arrêt, sauf le cas de suspicion lé-» gitime. »

Les exemples de révision de procès depuis les temps an

(1) *Gentibus requæstarum hospitii nostri.*

(2) *Qua quidem litteræ erroris per perlamentum nostrum, non alibi, nec per alios (ut dictum est) corrigentur.*

ciens sont nombreux, et surtout en matière politique. Il était d'usage et obligatoire que les parlemens qui avaient con-damné prononçassent eux-mêmes sur la révision. L'iniquité d'un grand nombre de ces arrêts criminels, rendus par les parlemens, a été plus tard solennellement reconnue. Dans ces temps de troubles et de discordes civiles, les accusés politiques étaient presque toujours d'avance dévoués à la mort; traités en ennemis par un tribunal dont ils ne devaient attendre aucune protection, ils étaient sacrifiés à l'esprit de parti qui excitait les passions et les ressentimens des juges, et quelquefois même à la vengeance d'un souverain dont la présence au tribunal influençait les débats et hâtait la condamnation. La postérité faisait justice de ces sentences; et sous le règne suivant, dans un temps plus calme, on en prononçait l'annulation. On peut en offrir pour exemples la révision du procès de *Cabrières* et de *Mérindol*, en 1549; celles du procès des *Officiers de Cambrai*, en 1555; de l'amiral Chabot, en 1540; du maréchal de Biès et de son gendre, M. de Coucy; du baron de Liseur; de M. Devaux, conseiller au parlement de Toulouse; de Charles de Bligny, en 1643.

Dans ces différens cas de révision, à moins de suspicion légitime, le parlement qui avait condamné, était presque toujours chargé de réviser l'arrêt.

Ainsi, l'amiral Chabot, condamné le 8 février 1540, fut réhabilité au mois de mars 1541, et la réhabilitation enregistrée le 5 août suivant au *même parlement de Paris*, dont une partie des membres l'avait condamné. Quelques années plus tôt, en 1530, le 27 mai, le parlement de Paris avait enregistré l'arrêt portant annulation de la sentence de mort qu'il avait prononcée contre le *connétable de Bourbon*.

En 1410, Jean de Montagu, surintendant des finances

sous Charles VI, fut décapité. En 1415, sa mémoire fut réhabilitée, à la prière de son fils, Charles de Montagu, qui fut rétabli, par le duc d'Aquitaine, dans les dignités et honneurs de son père. Son accusateur, Pierre des Essarts, fut condamné à mort et « *décollé par le jugement de Dieu*, dit Juvénal des Ursins, *pour la mort injuste de Montagu*. »

Le 21 juin 1547, Jacques de Coucy, seigneur de Vervins, et le maréchal de Biès, son beau-père, furent condamnés à mort. La première de ces condamnations fut exécutée; la seconde commuée en un emprisonnement perpétuel.

En 1575, le fils du seigneur de Vervins obtint de Henri III des lettres d'abolition des deux procédures. L'arrêt d'annulation fut expédié au même parlement qui avait jugé, et y fut enregistré quelques mois après. Le roi Henri III ordonna qu'il serait célébré à Coucy et à Biès de magnifiques funérailles. Dans cette affaire, Médard Pépin et Jean de Brossières, dont les dépositions avaient contribué à la condamnation des deux accusés, ayant été reconnus plus tard faux témoins, cette découverte facilita les voies à la cassation de la sentence.

En 1632, l'arrêt qui condamna à mort le maréchal de *Marillac* fut cassé par arrêt du Parlement de Paris, après la mort de *Richelieu*.

En 1639, le comte Bernard de Lavalette fut condamné à mort et exécuté en effigie, sous le règne de Louis XIII, par vengeance de Richelieu. Cette sentence fut cassée dès le commencement du règne de Louis XIV. Nous avons indiqué plus haut la forme que l'on suivait pour l'examen des lettres de révision et pour l'annulation des arrêts devant les parlemens.

En Angleterre, le parlement prononce la cassation des jugemens en discutant et votant, comme pour les propositions de lois ordinaires , sur le bill, portant annulation de *l'attainder* lancé contre le condamné. Le Roi recommande le bill aux chambres. Les communes et la chambre des lords, après la première lecture, votent la deuxième lecture de ce bill, et la prise en considération est discutée par une commission très-nombreuse, prise, à cet effet, au sein de l'assemblée. Cette commission fait son rapport et le bill est amendé ou sous-amendé, et adopté s'il y a lieu.

Nous citerons, par exemple, la cassation du *bill d'attainder d'Algernon Sidney* (1), sacrifié à la vengeance de Jefferies ; celles d'Alice Lisle , de lord Russell , et enfin de sir Thomas Wentworth, marquis de Strafford. Les fils de ce dernier , le comte de Strafford, refusa de siéger à la chambre des lords avant que la sentence dont son père avait été victime sous Charles Ier, fût annulée ; ce qui eut lieu sous le règne de Jacques II.

Nous voyons , par l'exemple de l'histoire, que le droit de révision gracieuse , reconnu par nos jurisconsultes actuels (2) au monarque , n'est qu'une suite de ce qui se

(1) *Journal de la Chambre des lords.* — Aujourd'hui 24 avril 1688, règne de Guillaume et Marie, a été présenté à la chambre et recommandé par Sa Majesté , un acte pour annuler et casser *l'attainder* d'Algernon Sidney, écuyer. La chambre a ordonné que ce dit bill fût lu une seconde fois , ce qui ayant été fait, la prise en considération a été confiée aux lords suivans , etc., etc.

25 Avril. Lord Bridgewater dit que le comité a pris en considération le bill pour casser et annuler *l'attainder* d'Algernon Sidney, écuyer. Il pense qu'il peut passer avec un léger amendement qui consiste à mettre *annulling* au lieu du mot *renulling.* La chambre a consenti.

8 Mai. Sir Miles Cook et M. Merydith ont été envoyés dans la chambre des communes , pour faire connaître à leurs seigneuries que la chambre adhère à l'amendement du bill pour annuler et casser *l'attainder* d'Algernon Sidney.

(2) Sans examiner si le droit d'abolition a été conservé à la couronne, nous pouvons affirmer, sans crainte d'être démenti , que le droit de faire grâce lui

pratiquait anciennement ; le Roi. sur la présomption qu'il y a eu mal jugé dans les causes criminelles devant les tribunaux ordinaires, ordonne que la cause sera révisée. Anciennement le Roi délivrait également des *lettres de révision*, qui étaient ainsi définies dans l'ancien droit criminel, :

« Des lettres que le Roi accordait pour revoir et examiner
» de nouveau le procès criminel d'une personne condamnée
» contradictoirement par arrêt ou jugement en dernier res-
» sort, afin de révoquer la condamnation, s'il y a lieu, et
» de renvoyer le condamné ou sa mémoire absous des cas
» qui lui ont été imposés, avec restitution et rétablissement
» de ses biens confisqués, et dans sa réputation et bonne re-
» nommée. Il faut cependant observer que ce n'est pas en
» vertu de ces lettres que le condamné qui vient d'être jus-
» tifié rentre dans ses biens et droits, mais en vertu du ju-
» gement qui le déclare innocent. »

Qu'il nous soit permis de citer ici quelques passages d'un de nos anciens criminalistes (1) au sujet de la révision; les principes de justice sur lesquels il se fonde sont applicables à tous les temps. Après avoir discuté les erreurs de fait qui peuvent motiver la révision, il ajoute :

« Mais quoique l'erreur de fait soit le principal moyen de révision et celui qui s'emploie le plus fréquemment, il ne faut pas cependant croire que ce soit l'unique qui puisse être employé en secours des condamnés. On peut aussi se servir en général de tous les moyens qui peuvent établir l'innocence de l'accusé. La faveur de cette innocence exige

est conservé dans toute sa plénitude. Or, ce droit emporte nécessairement celui d'ordonner une *révision gracieuse* qui concilierait autant qu'il est possible les réparations dues à une innocence démontrée avec le respect dû à la chose jugée. (Odilon-Barrot. Mémoire au roi pour Wilfrid Regnault et sa famille.)

(1) Jousse, *Droit criminel.*

toujours qu'un jugement injuste qui a fait perdre la vie ou
l'honneur à un citoyen soit rétabli, soit que l'injustice du
jugement vienne du juge même (comme dans le cas d'injustice, ignorance et prévarication, etc.), ou qu'elle vienne
des parties, soit que l'une d'elles ait été *mal défendue*, soit
que l'autre ait usé de *dol ou de fraude ;* et il serait difficile
de penser qu'un innocent qui a subi une condamnation qu'il
ne méritait pas (quoiqu'il n'y ait aucune erreur de fait) n'eût
aucune ressource pour faire connaître son innocence. En
effet, nous voyons que, par l'ordonnance du mois de novembre 1479, la révision était admise sur le seul fondement
du mal jugé.

» On opposera sans doute, » ajoute-t-il plus loin, « que si
l'on pouvait revenir, par cette voie de révision, contre un
jugement en dernier ressort, sous prétexte d'injustice, de
prévarication ou d'ignorance, ce serait rendre ces jugemens
sujets à l'appel et éterniser les contestations; mais malgré
cette raison, il paraît qu'on doit admettre dans la révision
toutes sortes de moyens de mal jugé; l'ancienne pratique de
la révision, la signification du mot même de *révision*, tout
concourt à donner toute l'étendue possible à la révision, et
à autoriser un condamné ou ses héritiers à faire connaître
qu'il est innocent. D'ailleurs, revoir un procès déjà vu et
jugé, ce n'est pas traiter le juge comme un juge sujet à
l'appel, si on lui renvoie cette révision à lui-même, ainsi
qu'il est porté par l'article 9 du titre 16 de l'ordonnance de
1670; c'est appeler du juge mal informé au juge mieux informé... Cette règle est fondée sur l'équité naturelle, qui
veut qu'il y ait toujours une ressource en faveur de l'innocence contre une condamnation injuste..... Il suffit que le
jugement puisse être reconnu injuste, de quelque manière
que ce soit, pour donner lieu à révision..... Il est vrai que

c'est accorder une carrière bien libre aux accusés ou à leurs héritiers pour attaquer des jugemens non sujets à l'appel; mais le Roi peut admettre ou ne pas admettre la demande qui est formée pour obtenir les lettres de révision, et l'on ne présumera jamais que de pareilles lettres soient admises et ensuite entérinées sans grande connaissance de cause, etc., etc. »

Qu'on ne vienne pas objecter que ces principes ont été professés anciennement et qu'ils ne nous sont point applicables. Ils respirent un sentiment si pur de la libre défense des accusés, que leur antiquité même les rend encore plus respectables. D'ailleurs, nous l'avons dit, la Cour des Pairs n'est pas astreinte à suivre la loi pied à pied. Indépendante des entraves qui retardent ou arrêtent quelquefois le cours de la justice, lorsqu'il s'agirait de rendre à l'innocence une prompte satisfaction, elle doit être de tous les tribunaux celui où la révision d'un arrêt inique trouvera le plus facile accès.

Le prince de la Moskowa.

Extrait du Constitutionnel du 29 *décembre* 1831.

.... Et vous ferez justice.

La requête en révision du procès du maréchal Ney a été présentée par sa veuve et ses fils, le 23 novembre. Un sentiment de convenance et de délicatesse qu'on appréciera facilement, n'a pas permis que la réponse à cette requête fût trop vivement pressée pendant tout le temps qu'a duré la discussion de la loi sur la pairie. Ce grave sujet était de nature à absorber sur la discussion de la loi l'attention du gouvernement, et personne n'eût voulu compliquer une

question qui, par elle-même excitait déjà tant de suscepti.
bilités :

Tantæ molis erat TOGATAM *condere gentem*!

Mais à présent que la loi est votée, et que la pairie est assise
sur des bases nouvelles, son premier devoir sera de faire
justice, comme le premier devoir de la famille du maréchal Ney a été de la réclamer.

Oui, et l'on ne doit pas s'y méprendre, ce n'est point
une inspiration de l'esprit de parti qui anime cette illustre
famille dans la poursuite en révision du procès du maréchal. En cela, elle accomplit un devoir sacré; elle obéit au
sentiment de la piété filiale; elle prouve qu'elle a entendu
et compris le cri testamentaire consigné dans l'énergique
protestation qni a précédé l'arrêt et qui l'a flétri.

Dans cette situation, quel est le devoir du ministère?
Il lui importe de le bien comprendre et de ne pas se four-
voyer.

La requête en révision porte sur deux moyens : l'un de
droit rigoureux, fondé sur une ouverture légale qui a sa
base dans l'article 445 du Code d'instruction criminelle;
l'autre de *révision gracieuse*, fondé sur la libre prérogative de la royauté.

Quant au premier moyen, tiré des *fausses déclarations*
à l'aide desquelles on a fait croire à la Cour des pairs que
la convention du 6 juillet n'était pas opposable au gouvernement français (fausseté qui n'a pu être alors demon-
trée à la Cour, parceque la Cour n'a pas permis de plaider),
ce moyen est absolu; le ministère n'est point appelé à
l'apprécier au fond; il ne peut que donner des juges, comme
l'indique l'article 445 déjà cité : cet article n'est point facultatif; il impose au ministère de la justice l'obligation de
faire renvoyer l'affaire devant l'autorité judiciaire.

Sans cela, en effet, et si le ministère pouvait se dispenser

d'accorder le renvoi, s'il mettait *néant* au bas de la requête.
il se constituerait juge de la révision ; il prononcerait de fait
sur le mérite de la demande ; il confirmerait l'arrêt de condamnation par son refus de laisser porter l'affaire devant le
juge de révision ; il condamnerait une seconde fois le maréchal Ney, en fermant, de son chef, tout recours contre la
première décision.

S'il y a des objections, qu'importe ? Ce n'est pas au ministère à les résoudre ; car il n'entendra pas les parties pour
les discuter. Il n'est qu'administrateur ; il n'est pas juge, il
est appelé à délivrer aux parties ce qu'on appelait autrefois
des *lettres excitatives de juridiction*, mais il n'exerce pas
la juridiction. C'est à la Cour des pairs seule qu'il appartient
d'apprécier le mérite de l'ouverture légale en révision, tirée
de l'art. 445 ; c'est à elle seule qu'il est réservé d'apprécier
l'erreur dans laquelle on l'a induite, pour obtenir d'elle la
condamnation dont la révision est aujourd'hui demandée.

Autrement, et si la requête n'était pas répondue, ou si
(ce qui revient au même) elle était mal répondue, les crieurs
publics pourraient crier dans les rues : ARRÊT DU CONSEIL DES
MINISTRES, *qui rejette la demande en révision du procès du
maréchal Ney !* Ce serait une monstruosité dans l'ordre
constitutionnel.

Le second moyen rendrait plus inexcusable encore le
refus qui serait fait de donner des juges à la question ; nous
voulons parler du droit de révision gracieuse tel qu'il a été
exercé par Napoléon en faveur d'Ellenberg, par lettres patentes du 20 décembre 1813.

Ce droit est inhérent à la couronne ; il dépend entièrement de la prérogative ; et si, à ce titre, son exercice n'im-
plique pas, à proprement parler, la responsabilité minis-
térielle sous le rapport pénal, il entraîne au moins une
responsabilité morale dont les suites, aujourd'hui plus que

jamais, doivent être sérieusement envisagées par le pouvoir

Ce droit de révision gracieuse est incontestable ; il résulte de ce que la législation moderne a rendu purement et simplement, d'abord à l'empereur, puis à la royauté, le droit de grâce dans sa plénitude, sans modification aucune, et par conséquent avec toute la latitude qu'il avait sous l'ancienne législation. Cela comprend donc aujourd'hui comme autrefois, les lettres de grâce, proprement dites, et les lettres d'abolition, rémission, rappel de ban, commutation de peine, réhabilitation et révision de procès, telles qu'elles sont énumérées dans le titre 16 de l'ordonnance de 1670, comme cela fut reconnu et pratiqué dans le conseil privé convoqué pour examiner l'affaire d'Ellenberg.

Telle sera peut-être la marche que suivra le ministère pour alléger sa responsabilité et sa crainte de déplaire à quelques nobles pairs auxquels il pourra dire : « Ce n'est pas nous, ou du moins ce n'est pas nous seuls qui vous procurons ce que vous regardez comme un désagrément ; mais une consultation solennelle a eu lieu ; et il a été reconnu que l'on ne pouvait pas, sans déni de justice, refuser la révision de ce trop malheureux procès !... »

Ne vaudrait-il pas mieux qu'au lieu de ces faiblesses, au lieu de se traîner ainsi à la remorque d'autrui, ayant toujours l'air de céder comme forcé et contraint, le gouvernement se donnât à lui-même et à lui seul, le mérite de répondre tout de suite, et favorablement à la requête ? Est-il donc si difficile de comprendre nettement qu'il y a tout à gagner en agissant ainsi, et tout à perdre en agissant autrement ? Donnons-en rapidement les principales raisons dans l'intérêt du Roi, de son gouvernement, et même de la Chambre des Pairs.

1° Le Roi, n'étant encore que duc d'Orléans, animé de ces sentimens français qui l'ont identifié avec la nation à l'époque même où ses aînés faisaient tout ce qu'il fallait pour se séparer de l'opinion publique; le duc d'Orléans, disons-nous, retenu en Angleterre par les ombrages de Louis XVIII, à l'époque où l'on accusait le maréchal Ney, adressa au prince-régent d'Angleterre, qui tenait alors les rênes du gouvernement, une lettre pressante, où il invoquait, en faveur du maréchal Ney, *la convention de Paris*, et soutenait, avec autant de courage que de logique et de sentiment, qu'on ne pouvait accuser le maréchal sans violer outrageusement cette capitulation. Il exhortait, en conséquence, le prince-régent à intervenir diplomatiquement pour faire respecter le droit des gens. La voix du duc d'Orléans ne fut point entendue de l'étranger; mais l'honneur lui en est resté parmi nous. C'est là un de ces actes qui, avec plusieurs autres du même genre, ayant révélé la générosité de son âme, ont préparé les esprits à l'idée, qui en 1830 s'est trouvée tout établie, qu'il était digne de régner sur les Français! Ce même sentiment est donc encore au fond de son âme; car si le roi de France ne venge pas le duc d'Orléans le roi des Français doit certainement réaliser les bonnes vues du duc d'Orléans, à peine de déchoir dans l'esprit de ce peuple qui a placé en lui tant d'espérances! Louis-Philippe a donc le plus pressant intérêt à prouver qu'il est conséquent avec lui-même, et qu'il veut, à présent qu'il est roi, tout ce que le duc d'Orléans voulait de juste et de national. Or, il a droit de vouloir ici, et de vouloir personnellement; car n'oublions pas que le second moyen de révision ne dépend que de lui, puisque sous le second point de vue, il est une émanation du droit de grâce (1).

(1) Une remarque historique de pure étiquette servira à faire ressortir cette différence entre l'exercice d'un droit rigoureux et l'exercice du droit de grâce : « Le chancelier de Lhospital faisait cette observation que les rois, lorsqu'ils tiennent leur lit de justice, souffrent, non seulement que les grands de l'État

2° Les ministres du roi ne peuvent pas vouloir s'opposer à ses grâces, ou plutôt à sa justice, puisqu'ici on ne leur demande que d'accorder des juges et de convoquer la cour des pairs pour juger la révision. Les ministres seraient mal avisés, s'ils prenaient sur eux la responsabilité du refus; car, de toutes parts, les reproches retomberaient sur eux; et on peut leur prédire une chose, c'est que, dans la Chambre des pairs elle-même, il ne manquerait pas de gens, même parmi ceux qui ne seraient pas bien disposés pour la révision, qui, la voyant écartée par le refus péremptoire de convocation, se targueraient de leur bonne volonté personnelle, et diraient : *Pourquoi ne nous a-t-on pas renvoyé la requête? nous y aurions fait droit.....* Ainsi les ministres, s'ils refusent de laisser saisir la Chambre des pairs, feront faire au roi une chose inconséquente; car elle sera opposée à sa conduite antérieure; une chose impopulaire, car l'opinion publique, en cela nationale et vraie, est fortement et généralement déclarée en faveur de la révision; et, pour eux-mêmes, ils feront une chose odieuse; car leur mauvais vouloir personnel aura seul empêché la question d'aller pardevant les juges qui seuls ont droit de prononcer.

3° La Cour des pairs elle-même a grand intérêt à la révision. Elle sera soulagée d'un énorme poids quand elle aura retranché de ses registres un arrêt de sang qui révolte tous les souvenirs, et qui pèsera sur le corps et sur les membres, tant qu'il ne sera pas rétracté. Tous les pairs ont intérêt à

---

mais même tous les officiers du parlement, soient assis et couverts en la présence du prince, parce que, dans ces occasions, non seulement ils doivent avoir la liberté de leurs suffrages, mais, qui plus est, ils doivent concourir avec le roi au ministère de la justice. Mais lorsque le roi tient ses grâces, et qu'il fait sceller en sa présence les rémissions et autres actes de cette nature, personne, de quelque qualité qu'il soit, ne peut être assis et couvert, parce que, dans ces ouvrages, sa seule bonté et sa puissance y agissent.» (Mémoire de Talon, t. 3, p. 367.)

cette révision : ceux qui ont eu le malheur de condamner, parce qu'ils y trouveront, s'ils restent juges, l'occasion de reconnaître et de proclamer l'erreur de fait, en laquelle le gouvernement de 1815 avait réussi à les induire; et tous les pairs, parce qu'ils trouveront dans ce premier exercice de leur juridiction, une occasion éclatante de se séparer d'un acte que la pairie retrempée par la révolution de 1830, aura la gloire d'effacer.

Les objections contre la révision sont des plus frivoles, si l'on en juge par celles qu'ont données les journaux, et qu'ils ont présentées comme extraites d'un Mémoire, qui, dit-on, aurait été remis par un des juges du maréchal Ney, à M. le garde-des-sceaux.

La première objection serait que la révision « est incom-» patible avec le jugement par jurés. Or, la chambre des » pairs a prononcé comme jury. »

Nous répondrons d'abord qu'un Tribunal peut quelquefois se croire appelé à juger comme jury, sans cesser cependant d'être un tribunal; et la pairie est certainement dans ce cas. En effet, elle n'a pas seulement prononcé au fond sur le fait qui faisait le texte de l'accusation, mais elle a appliqué elle-même la loi pénale et jugé les questions préjudicielles, c'est-à-dire, des questions de droit, ce qui certes n'est pas l'office du jury : or, le moyen de révision porte précisément sur une question de ce genre, tranchée par un arrêt préjudiciel, sur un faux prétexte, sans défense préalable et sans compter les voix !

Ajoutons que l'objection pèche par sa base; car il est faux que la révision soit interdite dans les affaires qui ont passé par un jury; et la preuve évidente s'en trouve dans l'article 445, qui prescrit le renvoi devant une Cour d'assises autre que celle qui a rendu le premier arrêt; or, ce premier arrêt n'a pu être rendu par une Cour d'assises qu'après une déclaration du jury.

4° On objecte encore « qu'il n'y a pas aujourd'hui les
» mêmes motifs qu'autrefois pour désirer la révision des
» condamnations, parce que jadis les condamnations capi-
» tales entraînaient la confiscation, et par conséquent la
» ruine des familles, et aussi parce que l'infamie s'étendait
» sur les parens du condamné, ce qui n'a plus lieu présen-
» tement. »

Ce moyen est fort ingénieux assurément, et pourtant il
ne soutient pas l'examen. Quelle est donc cette sollicitude
intéressée qui accorderait, en vue de revendiquer des biens,
une justice qu'on regarde comme indifférente apparem-
ment, quand elle n'a plus pour objet que l'honneur! Sous
l'autre rapport, sans doute, les fautes sont personnelles;
sans doute l'infamie encourue par un coupable ne s'étend
pas à des innocens; mais quel est donc ce froid sentiment
d'égoïsme à l'aide duquel on voudrait persuader à des enfans
qu'ils doivent laisser la réputation, et ici la gloire de leur
père, *flétrie en dernier ressort*, sous prétexte que l'arrêt ne
les flétrit point personnellement ?

De quoi vous plaignez-vous, leur dit-on? On vous couvre
d'honneurs, la faveur du Roi vous entoure, vous êtes appelés
à siéger sur les bancs mêmes de la pairie ! Oui, a dû répondre la Moskowa, sur des bancs encore teints du sang
de mon père! Qu'on en efface la trace, et j'y prendrai rang;
jusque-là, j'aime mieux me tenir à la porte, mon placet à
la main.....

Si le gouvernement refuse des juges, tout va peser sur
lui : reproches, inconvéniens, responsabilité. Si, au con-
traire, il renvoie l'affaire à la Cour des pairs, dès à présent
on applaudira à cet acte de justice de sa part; et, quant
au résultat, de deux choses l'une : ou il y aura cassation
de l'arrêt, et il en partagera l'honneur avec la Cour des
pairs; ou cette Cour refusera de reconnaître l'erreur et
d'anéantir l'accusation, et même dans ce cas (assurément

bien improbable), la pairie seule répondra de son arrêt, et il sera vrai de dire que le Roi et son gouvernement auront fait tout ce qui dépendait d'eux pour laisser un libre cours à la justice.

Les gouvernemens s'embarrassent quelquefois en beau chemin; on admire comment, d'une question facile dans son origine, ils font avec le temps une affaire compliquée; ils refusent, ils hésitent, ils diffèrent jusqu'à ce qu'ils aient la main forcée, et ils n'ont ainsi le mérite de rien. Combien de fois ne voit-on pas les ministres imiter ces énormes oiseaux qui, quand ils sont parvenus à cacher leur tête, croient avoir soustrait aux yeux du chasseur leur corps tout entier! La question du procès du maréchal Ney est-elle donc une question qu'on puisse étouffer? Non, non; elle existe, il faut qu'elle soit résolue sous une forme ou sous une autre; elle renaîtra jusqu'à due satisfaction.

Mais, dit-on, pourquoi vous obstiner à cette forme de *révision?* Pourquoi pas *le Panthéon?* Y a-t-il rien de plus beau qu'une telle apothéose? Et cela est dit avec bonne foi par quelques-uns; mais aussi avec une amère dérision par d'autres, qui attachent peu d'importance à ces ovations populaires, et qui se consoleraient de voir les cendres du maréchal au Panthéon, pourvu que son arrêt restât au Luxembourg...Aux uns et aux autres la famille doit répondre: nous ne refusons pour le maréchal aucun des honneurs que la reconnaissance nationale voudra déférer à sa mémoire, quand le moment sera venu. Mais quant à présent, mais avant tout, notre conduite est tracée par les derniers accens du maréchal; sa protestation contient un appel, nous avons dû le relever, c'est un cri contre l'arrêt, notre premier, notre plus puissant devoir, est donc d'en poursuivre l'annulation. — Nous ne voulons rouvrir la tombe du maréchal que pour y déposer l'arrêt de révision.

28 décembre 1831.